POESIA PRA ENCHER A LAJE 2.0

INQUÉRITO, PENAN

POESIA PRA ENCHER A LAJE

INQUÉRITO, Renan
Coordenação editorial: Toni C.
Projeto gráfico e diagramação: Maria Júlia Barbieri [OBS.curadesign]
Foto da capa: Vras77
Arte da capa: Pepê Ferreira [Estúdio Preto]

Conteúdo sob licença Creative Commons

Informações, palestras, aquisição de livros
e contato com autor:

www.souinquerito.com.br
www.literaRUA.com.br
facebook: inquérito
instagram: @renaninquerito
twitter: @renan_inquerito
e-mail: contato@souinquerito.com.br

CIP-BRASIL. Catalogação na Fonte.

87p.   INQUÉRITO, Renan.

Poesia Pra Encher A Laje / Renan Inquérito; Prefácio de Arnaldo Antunes; Pósfácio de Marcelino Freire; Contracapa de Emicida; Coordenação editorial de Toni C.; Projeto gráfico de Maria Júlia Barbieri [OBS.curadesign]; Arte da capa de Pepê Ferreira [Estúdio Preto] - São Paulo: LiteraRUA, 2020.

ISBN 978-65-86113-02-0

1. Poesia Brasileira. 2. Música. 3. Rap. 4. Hip-Hop. 5. Cultura Popular.
I. Inquérito Renan. II Título

CDD 869.1
CDU 82-1 : 78

POESIA PRA ENCHER A LAJE 2.0

INQUÉRITO, RENAN

LiteraRUA

2ª Edição
[revisada e ampliada]

São Paulo
2020

No momento em que lançamos este livro o mundo vive uma pandemia, o Brasil, um pandemônio. Encontros e abraços estão proibidos, o ódio se viraliza e o amor se quarentena. Foi preciso usar máscaras para nos olharmos nos olhos.

Nesses tempos duros de desprezo à cultura, à arte e à educação, quando o mínimo de lucidez parece ser suficente para se contrapor à ordem vigente, mais do que nunca torna-se necessário lembrar a frase de Maiakóvski: "Sem forma revolucionária não há arte revolucionária". Ou seja: Não nos contentamos com pouco, "a gente quer inteiro e não pela metade".

A resistência da poesia de Renan se dá nessas duas frentes: a da concreção da linguagem que brinca com as palavras, joga com os sentidos, se arrisca formalmente e, ao mesmo tempo, a do material concreto que se usa para "encher a laje", ícone da batalha do trabalho. Forma e conteúdo amalgamados, para o aprimoramento simultâneo da razão e da emoção; instâncias que não se separam, mas se completam.

Ao mesmo tempo em que demonstra a influência da poesia concreta, fonte de nossa poesia mais inventiva e experimental; Renan agrega junto o concreto literal, cimento fresco onde as letras do título "Poesia para encher a laje" aparecem riscadas.

O lance é que ele traz incorporada naturalmente a fala das periferias, do rap (onde também veicula sua poesia, com o grupo Inquérito), com suas gírias, subversões gramaticais ("mautratá / a gramáthika / e jogar a culpa / na lissenssa poéthika") e seu sotaque característico (que vamos encontrar também em autores como Ferrez, Sergio Vaz, Gilberto Braz e muitos outros). Uma poesia claramente centrada na oralidade, como se manifesta nos saraus que passaram a fazer parte da cena cultural das quebradas, como o da Cooperifa, que já rola há mais de 15 anos.

Mas Renan também não abre mão de sua materialidade gráfica, explorando recursos visuais que ampliam as camadas de significação do verbal e apontam para uma tradição de poesia que se deixa contaminar por outros códigos.

O raro aqui é a conjugação dessa coloquialidade crua e direta a uma aguda consciência de linguagem, capaz de risco e susto, síntese e ousadia formal, explorando assonâncias, duplos sentidos e ambiguidades, como "saudade"/saudades","juros"/"juras","eco"/"oco","dispensa"/despensa",entre muitos outros achados.

Um exemplo marcante é o poema "R.I.P. / HOPE", que produz, com um mínimo de linguagem verbal, múltiplos sentidos enredados.

E aqui referências mundanas, ostensivamente anti-poéticas (CNPJ, juros, Ana Maria Braga, fast-food, Roberto Justus, lava jato, contas correntes, etc.), invadem o concreto da poesia de Renan sem cerimônia nem meio-termo, e ele as subverte através do uso formal apurado e descarado ao mesmo tempo, como o "puta" no meio do "deputado".

Na poesia ou no rap de Renan, as lutas sociais ou comportamentais não valem apenas por serem temas mobilizadores, mas porque encontram sua expressão adequada em formas também transformadoras. Protesto não é pretexto para lassidão ou convencionalismo formal. Ou, como escreveu Ezra Pound: "Os grandes escritores não precisam de denúncia". A poesia de verdade não é só crônica de seu tempo, mas ela em si um acontecimento. Um fato transformador da consciência e da sensibilidade de quem o presencia.

Assim, a poesia de Renan vai ocupando os espaços, como cimento preenchendo a estrutura da laje, para ser "teto e chão"; para durar.

Arnaldo Antunes

iSOLamento

CORPO RAÇÃO

R.I.P
HOPe

RAPÚDIO

DE
PUTA
DO

MORRA E CARNE AVIVAL

palavra
SAU
singular
DA
que dói
DE
no plural

TU
NÃO
PAGA
IPTU
DOS TERRENOS
IPUT

ADORNOPEITOÉADORNOPEITOÉADORNOPEITOÉADORNOPEITOÉ

CONQUISTA É ESCAD

ANÃO ELEVADOR

A FÉ ACABÔ
PARAÍSO VIR
ESTAÇÃO DE METRÔ

O TEMPO RUIM VAI PASSAR É SÓ UMA FRASE.

O TEMPO RUIM VAI PASSAR É SÓ UMA FRASE.

MAUTRAT**Á**GRAM**ÁTHIKA**JOGÁCULPANA
LISSENSSA POÉ**TIKHA**

EDIR MACEDO + ROBERTO JUSTUS
ESPIRITO
EMPREENDEDOR

PILOTO AUTOMÁTICO
SEXO
ALMA **NO** LAVA-RÁPIDO
FAST-FOOD

MALHA FINA: **O MEDO É** O IMPOSTO QUE NINGUÉM DECLARA

O MINISTÉRIO DA MÚSICA
ADVERTE:

COM TANTA LETRA HORRÍVEL QUE OS CARAS TEM FEITO

NEM CADERNO DE CALIGRAFIA DÁ JEITO

DROGARIA SOCORRO IMEDIATO

— CPF NA NOTA?

A FARMÁCIA É UMA BIQUEIRA COM CNPJ

TIRA
OS POBRES
DO CENTRO
FAZ UM CARTÃO
POSTAL
É O GOVERNO TRAMPANDO
PHOTOSHOP
SOCIAL

JESUS S/ALVAÇÃO é uma imagem na estante / Virou marca de **REFRIGERANTE**

ABELHASABELHASABELHAS
ABELHASABELHASABELHAS

no refri fazem pensar

FLORESFLORESFLORESFLORES

faltam por aí

**onde
elas
foram
parar?**

QUERO
aUM
abraço
pbraço o l o

n g a**partido** FEITO
FERIADO
COMO
MEUS
HORÁRIOS

CONFIGURAÇÕES

eu deixava o
coraçã no viva
ela no voz
silencioso

AMOR PAGÃO

SEM
JUROS
NEM
JURAS
FOI MOR
À PRIMEIRA
O RESTO VISTA
DIVI
DIDO EM 2

somos todos
ECO

ECO
da descarga com dois botões

ECO
da programação da TV

ECO
do que viu no whatsapp

ECO
da sacola de pano

ECO
do carro flex

no fim todo esse
ECO

vem de algum
OCO

MOBILIDADE URBANA

MAIS TEMPO DORMINDO NO **BUZZZZZZZZO** QUE **NA PRÓPRIA CAMA**

a última moda ir de carro na esquina é a cadeira de roda os carango viraram nossas

ÉSSEPÊ

nos dias cinzas
BELA VISTA

no caos
PARAÍSO

no desespero
CONSOLAÇÃO

na rua
CARRÃO

SAÚDE

LIBERDADE
pra nóis

na cidade
sem cor
dão só lhe
dao **solidão**

sonha
só não deixa o
SONHO
morrer na
fronha

SÓ VOU DESISTIR ABORTAR MINHA **MISSÃO** QUANDO A **EDUCAÇÃO** VIRAR **OSTENTAÇÃO**

FAVELA É QUE NEM **BELI**
ENGENHARIA **SANDUÍ**
A PREFEITURA TEM UM **FETI**
VIR COM O TRATOR FAZER **BOLI**

CLICHE

também quero a
**REVOLUÇÃO
MAS** não sou imbecil
quem não sabe usar um
LÁPIS

não vai saber usar um
FUZIL

CRIANÇA ESPERANÇA

Aí MOLEQUE ESQUECIDO NA QUEBRADA SOU MAIS VOCÊ QUE A ANA MARIA BRAGA

ASSIM COMO A LAJE
POESIA
É **TETO**
E TAMBÉM É **CHÃO**

poeta
faz
cafuné
com a caneta
e o coador de
café
ª
ampulheta

se o mundo
   nasceu de uma
      explosão
    nós também
 todo orgasmo
é um
 Big
  em

NELSON MOTTA SARGENTO GONÇALVES RODRIGUES MACA MANDELA PIQUET NED TRIUNFO CAVAQUINHO SON

MILHARES
DE **MISERÁVEIS**
NA **ARQUIBANCADA**
7X1 SE **MATANDO**
VINTE E DOIS
MILIONÁRIOS
SE **DIVERTINDO**
EM CAMPO

MISCIGENAÇÃO
MISCIGENAÇÃO
MISCIGENAÇÃO
MISCIGENAÇÃO
MISCIGENAÇÃO

QUEM NÃO TEM **SANGUE DE PRETO** NA VEIA DEVE TER **NA MÃO**

sete palmos

peito adentro

me enterro

no buraco

que você

deixou

OLHOS
FECHADOS
LUGAR
MAIS
SINCERO
ONDE ENXERGO

SÓ O QUE

QUERO

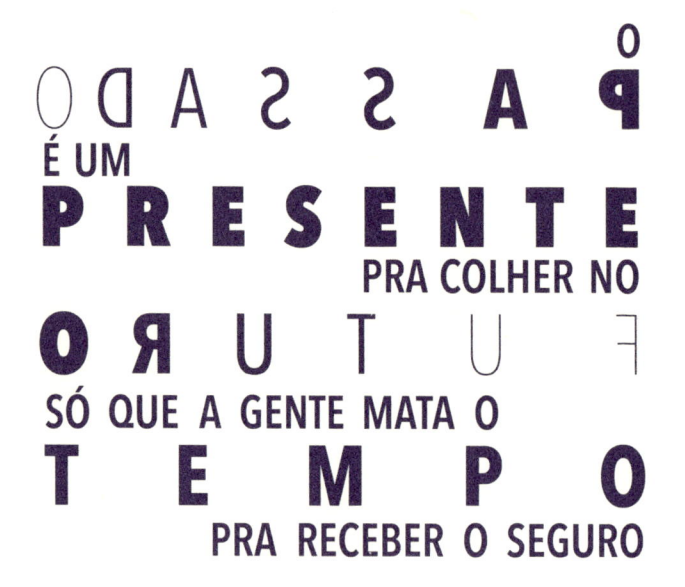

O PASSADO
É UM
PRESENTE
PRA COLHER NO
FUTURO
SÓ QUE A GENTE MATA O
TEMPO
PRA RECEBER O SEGURO

**A VIOLÊNCIA
GRITA
DEIXA A**
GENTE
MUDO
o silêncio
FALA
MAIS
**ALTO
DO QUE TUDO**

A MAIORIA
AQUI NEM SABE
O QUE É
**COMUN
ISMO**
MAS
SEMPRE
**SOCIAL
IZA**
O **ARROZ**
COM O **VIZINHO**

LEMBRA
DA
PENA QUE ASSINOU
A ABOLI
SÓ QUE ÇÃO?
HOJE OS
PRETOS
CUMPREM
PENA DENTRO
DA
MEU PRISÃO
POVO
PENA
ME
DÁ MÓ
PENA
MAS IRMÃO
PERDER
A FÉ NÃO
VALE
A
PENA
NÃO

BANDEIRANTES
ANHANGUERA
RAPOSO
CASTELO
HERÓIS OU **ALGOZ?**
VAI VER O QUE ELES FIZERAM...
BOTAR O NOME
DESSES CARAS
NAS ESTRADAS
É **CRUEL**
É O MESMO QUE
RODOVIA
HITLER
EM **ISRAEL**

DROGAS FACEBOOK **POLÍ**
VIOLÊNCIA
DEO GAME ÁLCOOL
MACHISMO FUTEBOL
INSTAGRAM ARMA
RODEIO **TELE** PASTOR
CELULAR **WHATSAPP**
CORRUPÇÃO TELEJORNAL
NOVELA **CACHAÇA**

Eu sou ou de um tempo em que o
MAR MORTO
não tava nem doente
e a noite
a gente **assiS**tia
a **LUA**
não tinha
Tela Quente

todo **M**undo dançava
ao som dos **BA**MBAS
e os brancos só subiam **o morro**
pra comprar letra

De **SAMBA**

o **FUTEBO**L
não era toda essa
farsA

o **GOOGLE** era a nossa **V**elha **barsa**
não tinha tanto **assalto**
também nem tinha **BRASÍLIA**
e a **internet** era um **RADINH** **Ô**
A PILHA

BOLETIM

**VÁRIOS
PARCEIRO** ATRÁS
DAS **VERDE**
ACABARAM NO
VERMELHO
SONHARAM
TER **VÁRIAS** DE **100**
NUMA **SACOLA**
PRA **COMPENSAR**
AS **NOTA**
AZUL
QUE **NÃO** TIVERAM
NA **ESCOLA**

PAÍS
CORDI
CARNAV
TUDO IGU
CONCEITO
PRÉ- RACIAL
MAIS
PROFUNDO
QUE O
S

LOUCUR**A**
DIET**A**
LEMBR**A**
DITADUR**A**
FECHAR **A** BOCA
FICAR NA MOR**A**
TODO REGIME RADICA**L**
FAZ MA**L**
REGIME
ALIMENTA**R**
MILITA**R**
TALIBAN

GEOLOGIA

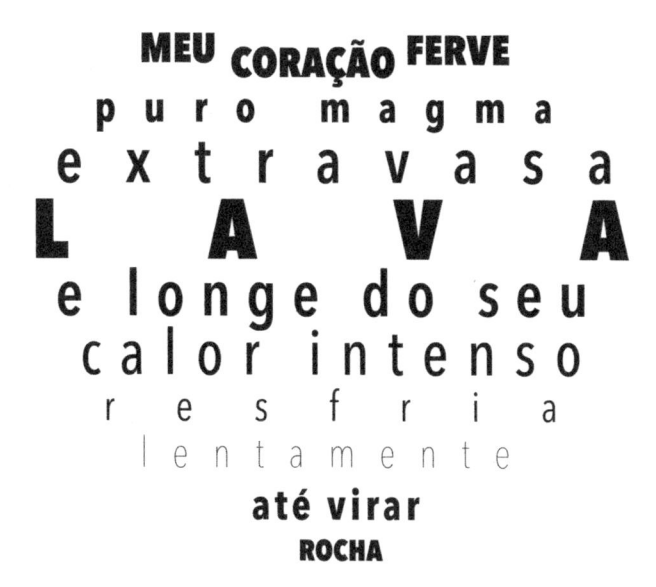

MEU CORAÇÃO FERVE
puro magma
extravasa
L A V A
e longe do seu
calor intenso
resfria
lentamente
até virar
ROCHA

ECLIPSE poético

segundo o calendário
poético **LUNAR**
hoje é um dia especial
para o **UNIVERSO**
DIA DE SARAU
os **ASTROS** estarão
em torno do
SOL-POESIA
que pontualmente às 19h
aqui da **TERRA**
se posicionará em frente
a todas as televisões
este **ECLIPSE-POÉTICO** apagará
a face da tela por três horas
e não será possível assistir a novela

A literatura
já sofreu demais
foi surrada
nos ditados
do primário

tomou enquadro
da academia
proibida de ir
na **periferia**

R

trancada a sete chaves
numa biblioteca
torturada nos porões
da norma **culta**

A G O
S

Mas hoje ela **ostenta**
esbanja desfila
A literatura
dura cura fura
só não é **pura**
nem atura um **viva**
ditadura aos **encontros!**
vocálicos
V E R consonantais
pessoais
B espirituais
O

aqui não tem
separação
nem de
sílabas
nem de
pessoas

Poesia é
　　　ir na
casa da vó
e ela ter feito **bolinho de chuva**
　ou ir na casa da vó fazer
　　　bolinho de chuva
　　　　　pra ela também

O ser
　solteiro
　　e dormir numa **camona de casal**
　u ser **um casal**
　numa
　caminha de solteiro

E a
resposta sincera
　de uma **criança**
　pra **pergunta idiota**
　de um **adulto**
　　　é pura poesia

Suma
senhora
com mais de **60 anos**
aprendendo a ler
escrevendo suas
primeiras **letrinhas**
é a poesia em pessoa

poesia
é quando o dia
do **pagamento**
cai numa **sexta- feira**
quando o **despertador toca**
mas **não é** dia de levantar
ou quando **ca**
na prova
só aquele pedacinho da matéria
que você **estudou**

Ae quando você lê
lguma coisa
ou **escuta uma música**
e aquilo **fala** direto com você
isso não é **profecia**
isso é **poesia!**

É

Essa é pros economistas **e pros banqueiros**
e pra toda essa raça **que come dinheiro**
que não **contente**
com os números e com **as cifras que tem**
tão se metendo a **besta com as letras também**
adoram dividir **a gente em Classe, é só ver**
Classe A, Classe B, **Classe C**, **Classe D**
mas aê, pega toda **sua etiqueta e sua classe**
e some daqui com essas **calculadoras covardes**
já fomo divididos, subtraídos, **vendidos demais**,
tá ligado?
não queremos virar **Classificados**

18

quem precisa de **classe é a molecada**
sem sala de aula **nas escolas de lata**
deixa as letras pra eles **que precisam mais**
aprender o ABC pra **ajudar os pais**
pra construir um futuro **e mudar de vida**
pra não **virar só número**

Qui．
estatística
quer saber a riqueza **que eu prezo e respeito?**
a riqueza guardada **no cofre do peito**
riqueza da **vida**
nela que **eu acredito:**

lates
de $orriso

as palavras têm peso
tonelada, cruz, guindaste
sobrenome, bigorna, culpa,
desastre

verdadeiros palavrões,
no tamanho ou no sentido
otorrinolaringologista, fé,
paralelepípedo
inconstitucionalmente, universo,
infinito

tem palavra que fica famosa
selfie, nude, Insta, Neymar
dentro da palavra ímpar
mora a palavra par

palavras parecidas mas diferentes
enganam a gente
concerto/conserto
tráfego/tráfico
cela/sela

palavras teimosas
não mudam nem de trás pra frente
Ana, ama, arara, asa,
ovo, oco, osso, reviver
saias, somos, esse, ele,
mamam, matam, rir, rever

uma palavra dura: não
uma palavra mole: coração
uma palavra complicada:
    impeachment
uma palavra extinta:
    Tchecoslováquia
uma palavra que diz tudo: droga
uma palavra que dá medo: prova
    uma palavra gostosa: bombom
    uma palavra que acende: neon

fome, sangue, chacina, são palavras VIOLENTAS
namorado, chiclete, cola, refrão, são palavras GRUDENTAS
sirene, alarme, buzina, são palavras BARULHENTAS
videocassete é uma palavra muito antiga
disquete e Corcel também
assim como Orkut, tabuada e mimeógrafo

tem palavra que é ardida
mertiolate, cinta, pimenta, jiló
tem palavra que cura
remédio, colo, carinho, vovó
as palavras tem cheiro também
sovaco, esgoto, fedô, chulé
perfume, bafo, pum, café

a palavra lava, a palavra lavra a palavra love
a palavra fere, a palavra fede, a palavra...

Moça de Moçambique fez eu sacar da BIC
me inspirou num poema
ela é zica e sabe, é Chade
é Serra Leoa é Quênia
é Namíbia, é Líbia, é Angola, é Gana
é ligeira e ninguém te enrola, te engana
num safari no Zaire em meio à savana
no Zimbábue, Zâmbia, Gâmbia, Botsuana
de turbante ou de trança na rua em Ruanda
em Uganda ela anda de canga e sandália
as guerreira só trampa e as dondoca só malha
aqui ou na Somália, até Madagascar
vai madame gastar, vai a fome formar, várias Mis-
éria, na Nigéria, Libéria, Tunísia e Argélia

de burca nas esquinas de Burkina Faso
　　　até chover por você no deserto
　　　e depois um sarau no Saara, decerto
　　　　　　　pra sarar uma arruda da Guiné Bissau, uau
　　　　　　　tocar conga no Congo, ir no Jongo legal
　　　　　　vamo pro Senegal ou ali em Mali
　　　　　　de agito no Egito bora aí Burundi
　　　　　　deixa os outro em Lesoto e vem ni mim, vem
　　　　　　em Benin(guém), segura essa mana
　　　　　ela é fogo, é Togo, é soberana
　　　　　e gosta que enrosca que encosta assim
　　　　de frente ou de Costa do Marfim, enfim
　　　se no Su-dão passagem pra ir pro norte
ela segue a bússola do coração que é mais forte

```
A L C A L M A L M A L M A L M A L M A L
A L O M A E S C O L A S F E C H A D A S
M A M U L T I N A C I O N A I S A L M A
A L P M A L M A L M A L M A L M A L M A
M A O L M A L M A L M A L M A L M A L M
B A R R A G E N S P O L I C I A I S A L
A L T E M A L M A L M A L B M A L
A L A M A L G M A L M A L A A L R M A L
L M S A L M O A L M A L M R L M U A L M
A L A M A L V A L E M A L I M A M L M A
A L B M A L E M A L M A M A A L A M A L
M A E A L M R A L M A L M N L M D A L M
A L R M A L N M A L M A L A A L I A M A
A L T M A L O M A L M A L M A L N M A L
M A A L M C O N C R E T O R A C H O U L
A L S M A L A M A L A M A L A M O L A M
A L M A A L Z A M A L A M A L A M A M A
L A M A L A O M A L A M A L A M A L A M
L A M A E D U C A Ç Ã O N A L A M A L A
L A M A L A M A L A M A L A M A L A M A
```

PORCOS GOSTAM DE
LAVAGEM **LAVAGEM** LAVAGEM
LAVAGEM NO CONGRESSO
NO CHIQUEIRO LAVAGEM
LAVAGEM **LAVAGEM** LAVAGEM
DE COMIDA **LAVAGEM**
LAVAGEM DE DINHEIRO LAVAGEM
CEREBRAL LAVAGEM VIRA ATÉ OPERAÇÃO
TELEVISÃO **LAVAGEM** LAVA JATO
LAVA ELES
LAVAGEM **LAVAGEM**
LAVAGEM LAVAGEM MAS COM LAVA
LAVAGEM DE VULCÃO

NO FIM FICAMOS COM AS SOBRAS LAVAGEM
LAVAGEM RESTOS LAVAGEM **LAVA**
DE UM PAÍS
LAVAGEM DE UM FUTURO **LAVAGEM**
DE UM SONHO
O QUE SOBRA LAVAGEM LAVAGEM
DA NOSSA FÉ **LAVAGEM**
DA NOSSA MAS HOJE EU QUERO
ESPERANÇA LAVAGEM LAVAR A LAMA
LAVAGEM **ALMA**
LAVAGEM **LAVAGEM** SEM LAMA
ALMA

CORRENTESCORRENTESCORREN
RENTES**me movem**CORRENTESC
NTES**CORRENTES**CORRENTESCO
CORRENTES**me prendem**SCORRE
RRENTES**CORRENTES**CORRENTES
ESCORRENTES**sanguíneas**CORRE
RENTE$CORRENTE$**não contas**CC
RRENTE$CORRENTE$**CORRENTE$**
NTRACORRENTECONTRACORRENT

A FALA E O FALO

LITERATURA **LIBIDINOSA ARDENTE** QUE **ESQUENTA** FAZ TIRAR A ROUPA
DO PRECONCEITO DA **MESMICE PAU A PAU** COM QUALQUER RIMA
COMPORTADA **E R E Ç Ã O** CONTRA A POESIA BROCHA
ESCRITA QUE É QUASE **NUA DESPIDA** DE FORMATO OU VERGONHA
SÓ COM AS ROUPAS ÍNTIMAS **ÍNTIMA** QUE É DA PALAVRA
INTIMA O LEITOR A D E S P I R-SE TAMBÉM
POESIA SAFADA SELVAGEM
GOLPE BAIXO TAPA NA CARA
O R G A S M O
QUE EXPLODE NA TRANSA
DO PAPEL COM A CANETA
QUANDO A FOLHA SENTA NA **PONTA** DA ESFEROGRÁFICA PRETA
E ESFREGA ESFREGA ESFREGA
ATÉ ESCORRER **TINTA** ATÉ A PÁGINA FICAR MOLHADA
CADA LETRA UM GAMETA UM ESPERMATOZÓIDE FECUNDANDO O PAPEL
VERSOS EM **GESTAÇÃO** POEMA QUE O POETA PARIU **DEU À LUZ** A PALAVRAS GÊMEAS
BATIZOU DE **R I M A S** ESCREVER PRA **CARALHO** À FLOR DA PELE POETA DA PORRA
ESCREVER COM **PRAZER** ENQUANTO OS DEDOS FAZEM POLE DANCE NA BARRA DA **BIC.**

VOCÊ É O REFRÃO QUE NÃO SAI DA MINHA CABEÇ
VOCÊ É O REFRÃO QUE NÃO SAI DA MINHA CABEÇ
VOCÊ É O REFRÃO QUE NÃO SAI DA MINHA CABEÇ
VOCÊ É O REFRÃO QUE NÃO SAI DA MINHA CABEÇ
VOCÊ É O REFRÃO QUE NÃO SAI DA MINHA CABEÇ
VOCÊ É O REFRÃO QUE NÃO SAI DA MINHA CABEÇ
VOCÊ É O REFRÃO QUE NÃO SAI DA MINHA CABEÇ
VOCÊ É O REFRÃO QUE NÃO SAI DA MINHA CABEÇ
VOCÊ É O REFRÃO QUE NÃO SAI DA MINHA CABEÇ
VOCÊ É O REFRÃO QUE NÃO SAI DA MINHA CABEÇ
VOCÊ É O REFRÃO QUE NÃO SAI DA MINHA CABEÇ
VOCÊ É O REFRÃO QUE NÃO SAI DA MINHA CABEÇ
VOCÊ É O REFRÃO QUE NÃO SAI DA MINHA CABEÇ
VOCÊ É O REFRÃO QUE NÃO SAI DA MINHA CABEÇ
VOCÊ É O REFRÃO QUE NÃO SAI DA MINHA CABEÇ
VOCÊ É O REFRÃO QUE NÃO SAI DA MINHA CABEÇ
VOCÊ É O REFRÃO QUE NÃO SAI DA MINHA CABEÇ
VOCÊ É O REFRÃO QUE NÃO SAI DA MINHA CABEÇ
VOCÊ É O REFRÃO QUE NÃO SAI DA MINHA CABEÇ
VOCÊ É O REFRÃO QUE NÃO SAI DA MINHA CABEÇ
VOCÊ É O REFRÃO QUE NÃO SAI DA MINHA CABEÇ
VOCÊ É O REFRÃO QUE NÃO SAI DA MINHA CABEÇ
VOCÊ É O REFRÃO QUE NÃO SAI DA MINHA CABEÇ
VOCÊ É O REFRÃO QUE NÃO SAI DA MINHA CABEÇ
VOCÊ É O REFRÃO QUE NÃO SAI DA MINHA CABEÇ
VOCÊ É O REFRÃO QUE NÃO SAI DA MINHA CABEÇ
VOCÊ É O REFRÃO QUE NÃO SAI DA MINHA CABEÇ

só quem encheu a LAJE

vai poder tomar sol

POESIA DE VERDADE
[Prefácio escrito para a 1ª Edição de 2016]

Está cansado ou cansada? De tanta poesia chata? Poesia que se acha? Que a gente vê o tempo inteiro por aí e não lê? Poesia ABCD? Doutrinária? Dicionária? Poesia metida à besta? Anêmica? Acadêmica? Poesia que não vai à rua? Literatura que fica distante? Lá no alto da estante?

Pois você chegou ao livro certo. Verso a verso. Eis o novo volume de poesias de Renan Inquérito. O verbo que dança. Do rap ao repente. Aquele que fala o que a gente sabe. E sente. No corpo. No gesto. Por fora. Por dentro.

Poeta que vai além do concreto. Feito um papo reto. No grito. No pé do ouvido. Para manter o nosso olhar aberto.

De coração na mão. A cada descoberta. Da dor do amor. Da justiça injustiça. Dapápápápaz. Ondeaviolênciaégratuita. Quempagaporela?

Em cada canto. Esquina. Deste país que assiste BBB. E vê novela. Que só se fode e lê "50 Tons de Cinza". É isto o que Renan Inquérito nos ajuda a combater. De lápis na mão. Empunhando uma Bic. Eis a revolução. Um livro assim para ler rápido. Para acompanhar pensando.

Preste bem atenção. Nas páginas e palavras. Tudo aqui e ali se desdobrando. Ganhando outras formas. E sentidos. Chame as amigas. E os amigos. Está mais do que na hora de encher a nossa laje. Com a verdadeira poesia. Tipo essa que nos eleva. Para o alto de nós mesmos. Dia após dia.

Marcelino Freire

RENAN INQUÉRITO

É RAPeiro e SARAUzeiro, utiliza a música e a literatura como ferramenta de transformação social. Compositor, Mestre (sem) Cerimônias, em geografia e poesia, Doutor em Educação Ostentação. Antes da sua Poesia Encher a Laje (2016) foi alicerce em #Poucas Palavras (2011).

Atua na cultura hip-hop desde 1997, quando fundou o grupo de rap Inquérito, com o qual produziu 8 discos, dezenas de músicas, videoclipes e centenas de shows. Possui parcerias gravadas com grandes artistas como Emicida, Ellen Oléria, Dexter, Tulipa Ruiz, Natiruts, KL Jay (Racionais), Arnaldo Antunes, Zeca Baleiro, Rael, O Teatro Mágico, Mato Seco e Rashid.

Sua produção acadêmica não abandona sua experiência de vida, ao contrário disso, como pode ser visto na Dissertação de Mestrado "Território Usado: Cada Canto um Rap, Cada Rap um Canto" defendida na UNICAMP em 2010 e também na Tese de Doutorado "O Relevo da Voz: Um Grito Cartográfico dos Saraus em São Paulo", defendida na UNESP em 2019, Renan realiza travessias entre o saber instituído e a cultura popular. Com o sociólogo português Boaventura de Sousa Santos escreveu o roteiro do espetáculo Ópera Rap Global (2013) e participou do livro Na Oficina do Sociólogo Artesão (2019).

Além dos palcos, percorre escolas e unidades do CRAS, CREAS e Fundação CASA, realizando saraus, shows, debates e oficinas. Universidades, presídios e bibliotecas são territórios comuns para sua arte.

Desde 2013, todos os meses, Renan maltrata a gramática na Parada Poética, sarau que organiza e apresenta na antiga estação de trem da cidade onde vive (Nova Odessa-SP).

Foto: Juliano Simões

OBScura design

PARADA POÉTICA

K estúdio preto